# I LOVE TO EAT FRUITS AND VEGETABLES

# J'AIME MANGER DES FRUITS ET DES LEGUMES

A bilingual book

## Shelley Admont

### Illustrated by Sonal Goyal, Sumit Sakhuja

Traduit de l'Anglais par Camille Granier

**Library and Archives Canada Cataloguing in Publication**
I Love to Eat Fruits and Vegetables (French Bilingual Edition)/ Shelley Admont
ISBN: 978-1-77268-116-1 paperback
ISBN: 978-1-77268-117-8 eBook

Please note that the French and English versions of the story have been written to be as close as possible. However, in some cases they differ in order to accommodate nuances and fluidity of each language.

for those I love the most—S.A.

ceux que j'aime le plus —S.A.

It was an hour before lunch. Jimmy, a little bunny, was playing with his two older brothers.

*C'était une heure avant le déjeuner. Jimmy, le petit lapin, jouait avec ses deux grands frères.*

"I really feel like eating something sweet," said Jimmy suddenly.

*— J'ai vraiment envie de manger quelque chose de sucré, dit soudain Jimmy.*

"We can't eat candy before lunch," said the oldest brother. "You know we're not allowed, Jimmy."

*— Nous ne pouvons pas manger de bonbons avant le déjeuner, dit son frère aîné. Tu sais que nous n'avons pas le droit, Jimmy.*

"Anyway, it's better to eat apples or grapes," continued the middle brother. "They're also sweet and tasty."

*— De toute façon, c'est mieux de manger des pommes ou du raisin, continua l'autre frère, car ils sont aussi sucrés et savoureux.*

"Yuck, I don't like eating fruits," said Jimmy.

— *Beurk, Je n'aime pas manger des fruits, dit Jimmy.*

"But guess what? I saw that Mom bought some new candies yesterday," Jimmy whispered. "I'm going to take some. Who's joining me?"

— *Mais devine quoi ? J'ai vu que Maman a acheté de nouveaux bonbons hier, murmura Jimmy, je vais en prendre quelques uns. Qui vient avec moi ?*

"Not me," answered his eldest brother.

— *Pas moi, répondit son frère aîné.*

"I'm not coming either," replied his middle brother.

— *Je ne viens pas non plus, répondit son autre frère.*

The two older brothers went back to their toys while Jimmy slowly made his way to the kitchen.

*Les deux frères aînés retournèrent à leurs jeux. Lentement, Jimmy se frayait un chemin vers la cuisine.*

He left the room and looked around to check that nobody was watching.

*Il quitta la pièce et regarda autour de lui si personne ne le voyait.*

When he got to the kitchen, the table was already prepared for lunch.

*Quand il arriva à la cuisine, la table était déjà mise pour le déjeuner.*

Each bunny had his own plate. The oldest brother had the blue plate, and the middle brother had the green one. The orange plate was for Jimmy.

*Chaque lapin a sa propre assiette. L'aîné a une assiette bleue et l'autre frère en a une verte. L'assiette orange est pour Jimmy.*

In the center of the table was a big bowl filled with fresh vegetables. There were cucumbers, carrots, tomatoes, red and yellow peppers, and some cabbage.

*Au centre de la table se trouvait un grand saladier rempli de légumes frais. Il y avait des concombres, des carottes, des tomates, des poivrons verts et jaunes, et du chou.*

*Ugh! I'm not going to eat THAT,* Jimmy thought to himself.

*« Berk ! Je ne vais pas manger ça», pensa Jimmy.*

He went over to the cupboard where he had seen his mother putting the bag of candy. But the cupboard was very high above the ground, and Jimmy was not able to reach it.

*Il alla vers le placard où il avait vu sa mère mettre le paquet de bonbons. Mais le placard était très haut et Jimmy n'arrivait pas à l'atteindre.*

He took one of the chairs and moved it nearer to the cupboard. He climbed up onto it, but he still wasn't able to reach the shelf!

*Il prit une des chaises et la plaça près du placard. Il grimpa dessus, mais il ne pouvait toujours pas atteindre l'étagère !*

Jimmy got back down and looked around again. This time, he took a large empty pot and turned it upside down. He put the pot on the chair and then climbed up.

*Jimmy descendit et regarda encore autour. Cette fois, il prit un grand pot vide et le retourna. Il mit le pot sur la chaise et grimpa dessus.*

Now, he was able to see the highest shelf. In the far corner of the shelf, there it was a huge bag full of candy! But...he still wasn't able to touch it. He needed to be a tiny bit higher.

*Maintenant, il pouvait voir l'étagère la plus haute. Dans le coin de l'étagère, au loin, il y avait, un énorme paquet plein de bonbons ! Mais... Il ne pouvait pas le toucher. Il avait besoin d'être un peu plus haut.*

*What else can I use?* thought Jimmy while getting down. He saw his mom's huge cookbook.

*« Que puis-je utiliser d'autre ? » Pensa Jimmy pendant qu'il descendait. Il vit le gros livre de cuisine de maman.*

"That's exactly what I need!" he said happily as he grabbed the book.

*— C'est exactement ce dont j'ai besoin ! s'exclama t-il joyeusement en attrapant le livre.*

He put the cookbook on the upside-down pot and again started slowly climbing up.

*Il mit le livre de cuisine sur le pot et recommença à grimper doucement.*

But as Jimmy reached for the bag of candy, the chair began to rock. Jimmy quickly lost his balance and fell flat on the ground.

*Mais dès que Jimmy atteignit le sac de bonbon, la chaise commença à tanguer. Jimmy perdit son équilibre et tomba à plat sur le sol.*

The pot fell next to him with a loud bang. The cookbook came next, and it landed right on poor Jimmy's head.

*Le pot tomba près de lui dans un grand bruit. Le livre arriva ensuite, et atterrit sur la tête du pauvre Jimmy.*

Suddenly, something strange happened. As Jimmy looked up at the cupboard, it seemed as if it was getting higher and higher. He tried to stand up on his feet, but he just got dizzy again and had to sit back down.

*Soudain, quelque chose d'étrange se produisit. Alors que Jimmy regardait le placard, il lui semblait que celui-ci devenait de plus en plus haut. Il essaya de se mettre debout, mais fut étourdit et il dut s'asseoir.*

At that moment, his two older brothers came into the kitchen.
"What was that noise," they asked, "and where's Jimmy?"

A ce moment, ses deux frères vinrent dans la cuisine.
— Quel était ce bruit, demandèrent-ils, et où est Jimmy ?

"I'm here!" Jimmy waved his hand.
— *Je suis ici ! Jimmy faisait signe avec sa main.*

"Jimmy, how did you get so tiny?" asked his middle brother.
— *Jimmy, comment es-tu devenu si petit ? demanda son frère.*

Only then did Jimmy understand why everything looked so big. He had become as small as a mouse!
*A ce moment-là Jimmy comprend pourquoi tout paraît si grand. Il était devenu aussi petit qu'une souris !*

"I don't know," cried Jimmy. "I just climbed up to get some candy, and then I fell down."
— *Je ne sais pas, pleurait Jimmy, je suis juste monté pour prendre quelques bonbons, et je suis tombé.*

"Maybe that's what caused you to become so little!" exclaimed the middle brother.
—*C'est peut-être pour ça que tu es si petit ! S'exclama son frère.*

"Oh, no! Will I stay this small forever?" Jimmy screamed.

— *Oh non ! Est-ce que je vais rester petit pour toujours ? criait Jimmy.*

"Don't cry, Jimmy," said the oldest brother. "We will figure something out. Let's just clean up this mess quickly before Mom comes in."

— *Ne pleure pas dit son frère aîné, nous allons réfléchir à quelque chose. Nettoyons ce bazar avant que Maman arrive.*

Just as the brothers finished putting everything back in its place, Jimmy's mother walked into the kitchen. *Juste au moment où les frères finissaient de tout ranger, leur maman entra dans la cuisine.*

"We're going to eat lunch soon. Where's Jimmy?" Jimmy hid behind his older brothers, listening to every word.

— *Nous allons bientôt déjeuner. Mais où est Jimmy ?*

"Uh, uh...," stuttered his middle brother while thinking of what to say.

— *Heu, heu..., bégaya son frère en réfléchissant à une réponse.*

But the older brother was very smart. "Mom," he said. "If someone wants to grow quickly and be big, tall, and strong, what do they need to do?"

*Mais le frère aîné était très malin.*

*— Maman, si quelqu'un veut grandir rapidement et devenir grand et fort, qu'est-ce qu'il doit faire ?*

"They need to make sure that they eat their fruits and vegetables," his mother answered. "They contain lots of good vitamins and minerals that help the body grow faster."

— *Il doit s'assurer qu'il mange ses fruits et légumes, répondit leur mère, ils contiennent beaucoup de vitamines et minéraux qui aident le corps à grandir plus vite.*

"Now, you can sit down at the table, and I will call Dad and Jimmy," their mother said while walking out of the kitchen.

— *Maintenant, vous pouvez vous asseoir, je vais appeler Papa et Jimmy, dit leur mère en sortant de la cuisine.*

The oldest brother turned around to Jimmy. "Quick, Jimmy! You have to eat your fruits and vegetables so that you can grow fast."

*Le frère aîné se tourna vers Jimmy.*
— *Dépêche-toi ! Tu dois manger tes fruits et légumes pour grandir vite.*

"No way!" screamed Jimmy, "I don't even like fruits or vegetables!"

— *Beurk, j'en ai pas envie ! cria Jimmy, je n'aime pas les fruits ou les légumes !*

"Do you want to stay this way forever then?" his brother asked.

— *Veux-tu rester comme ça toute ta vie ? demanda son autre frère.*

"Of course not!" replied Jimmy.

— *Bien sûr que non ! répondit Jimmy.*

"So eat some vegetables," said the oldest brother. "Maybe you'll even like them." He quickly took a carrot from the plate on the table and slipped it in Jimmy's mouth.

— *Alors mange quelques légumes, dit son frère aîné, peut-être que tu vas même les aimer. Il prit rapidement une carotte sur la table et la mit dans la bouche de Jimmy.*

...this is sweet and tasty," Jimmy said as ...d his carrot with his strong, white teeth.

*...m... c'est sucré et même savoureux, dit Jimmy pendant qu'il mâchait sa carotte avec sa grosse dent blanche.*

All of the sudden, he felt a strange tingly feeling spreading all over his body—it was just like magic.

*Soudain, il ressenti un étrange frisson lui parcourir tout le corps – c'était magique.*

"Jimmy, look! You've grown a bit!" shouted the oldest brother happily.

*— Jimmy, regarde ! Tu as un peu grandit ! cria son grand frère tout joyeux.*

"Here, eat something else," the middle brother said. He gave Jimmy a juicy cucumber from the bowl.

*— Viens, mange autre chose, ajouta l'autre frère. Il donna à Jimmy un concombre plein de jus.*

With every bite, he felt his body getting stronger and stronger. He was growing!

*Après chaque bouchée, il sentait son corps devenir de plus en plus fort.*
*Il grandissait !*

"Jimmy, you're finally yourself again," his oldest brother shouted and ran over to hug him.

— *Jimmy, tu es redevenu toi-même, lui cria son frère aîné et couru vers lui pour l'embrasser.*

"How are you feeling now?" he asked.

— *Comment te sens-tu maintenant ? demanda-t-il.*

"I feel great and full of energy," Jimmy answered. "And you know what? These fruits and vegetables are really tasty. I should have tried them before!"

— *Je me sens bien et plein d'énergie, répondit Jimmy. Et vous savez quoi ? Ces fruits et légumes sont vraiment très savoureux. J'aurai du les gouter avant !*

All three brothers began to laugh loudly and jump around.

*Les trois frères commencèrent à rire fort et à sauter partout.*

A few minutes later, Jimmy's parents entered the kitchen. "Great, everyone's here," said Dad.

*Quelques minutes après, les parents de Jimmy entrèrent dans la cuisine.*
*— Bien, vous êtes là, dit Papa.*

"I'm happy that everyone's in such a good mood," said Mom. "What a great way for us to start lunch! Don't forget to wash your hands!"

*— Je suis content que tout le monde soit de bonne humeur, continua Maman, c'est une excellente manière de commencer le déjeuner ! N'oubliez pas de laver vos mains !*

The entire happy family sat around the large table and began eating all the tasty things there. Even Jimmy finished his whole plateful.

*La joyeuse famille s'assit autour de la grande table et commença à manger tous les mets savoureux. Et même Jimmy fini son assiette entière.*

From that day on, Jimmy liked eating all his fruits and vegetables. Sometimes, he still eats candy but only a little and only after his meals.

*Depuis ce jour, Jimmy aime manger ses fruits et légumes. Parfois, il mange des bonbons mais seulement après les repas.*

# MORE BOOKS BY SHELLEY ADMONT

# PLUS DE LIVRES DE SHELLEY ADMONT

## www.sachildrensbooks.com

J'AIME MANGER DES FRUITS ET DES LÉGUMES

Par Shelley Admont
Illustré par Sonal Goyal et Sumit Sakhuja

J'AIME GARDER MA CHAMBRE PROPRE

Par Shelley Admont
Illustré par Sonal Goyal et Sumit Sakhuja

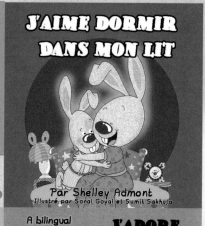

J'AIME DORMIR DANS MON LIT

Par Shelley Admont
Illustré par Sonal Goyal et Sumit Sakhuja

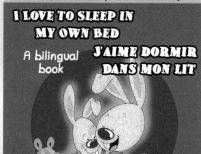

I LOVE TO SLEEP IN MY OWN BED

A bilingual book

J'AIME DORMIR DANS MON LIT

Written by Shelley Admont
Illustrated by Sonal Goyal, Sumit Sakhuja

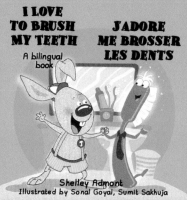

I LOVE TO BRUSH MY TEETH

A bilingual book

J'ADORE ME BROSSER LES DENTS

Shelley Admont
Illustrated by Sonal Goyal, Sumit Sakhuja

A bilingual book

I LOVE TO SHARE

J'ADORE PARTAGER

Shelley Admont
Illustrated by Sonal Goyal, Sumit Sakhuja

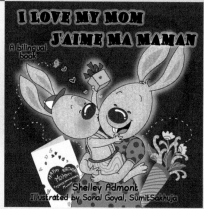

I LOVE MY MOM

J'AIME MA MAMAN

A bilingual book

Shelley Admont
Illustrated by Sonal Goyal, Sumit Sakhuja

44363432R00020

Made in the USA
Middletown, DE
04 June 2017